BEI GRIN MACHT SICH IHR WISSEN BEZAHLT

AF151357

- Wir veröffentlichen Ihre Hausarbeit,
  Bachelor- und Masterarbeit

- Ihr eigenes eBook und Buch -
  weltweit in allen wichtigen Shops

- Verdienen Sie an jedem Verkauf

Jetzt bei www.GRIN.com hochladen
und kostenlos publizieren

Madleen Wendt

Eine Analyse des Frauenbilds in "Homo Faber" von Max Frisch

GRIN Verlag

Bibliografische Information der Deutschen Nationalbibliothek:

Die Deutsche Bibliothek verzeichnet diese Publikation in der Deutschen National-
bibliografie; detaillierte bibliografische Daten sind im Internet über http://dnb.d-
nb.de/ abrufbar.

Impressum:

Copyright © 2011 GRIN Verlag GmbH
Druck und Bindung: Books on Demand GmbH, Norderstedt Germany
ISBN: 978-3-656-60524-9

Dieses Buch bei GRIN:

http://www.grin.com/de/e-book/269411/eine-analyse-des-frauenbilds-in-homo-
faber-von-max-frisch

GRIN - Your knowledge has value

Der GRIN Verlag publiziert seit 1998 wissenschaftliche Arbeiten von Studenten, Hochschullehrern und anderen Akademikern als eBook und gedrucktes Buch. Die Verlagswebsite www.grin.com ist die ideale Plattform zur Veröffentlichung von Hausarbeiten, Abschlussarbeiten, wissenschaftlichen Aufsätzen, Dissertationen und Fachbüchern.

Besuchen Sie uns im Internet:

http://www.grin.com/

http://www.facebook.com/grincom

http://www.twitter.com/grin_com

Das Frauenbild Walter Fabers in „Homo Faber" von Max Frisch

Im Roman „Homo Faber" von Max Frisch stehen sich jeweils zwei Fronten gegenüber: Mann gegen Frau und Technik gegen Natur.

Im ersten Teil des Romans hat der Protagonist Walter Faber ein geringschätziges Bild von Frauen. Er sieht alles Weibliche als negativ an, da es natürlich und nicht technisch ist. Walter Faber glaubt als Ingenieur an Statistik, Wahrscheinlichkeit und Fortschritt, hält jedoch nichts von Mystik, Schicksal, Zufall oder gar Emotionen. Diese Einstellung steht in starkem Widerspruch zur Einstellung der Frauen in Fabers Leben, wodurch er trotz mehrerer Beziehungen ein gestörtes Verhältnis zu Frauen hat. Seine ablehnende Haltung gegenüber Frauen, kann man anhand von verschiedenen Frauenfiguren, mit denen Faber im laufe des Romans in Berührung kommt, erkennen.

Seine Freundin zur Zeit des Reiseantritts, Ivy, ist die erste Frau, die ausführlich beschrieben wird. Als junge Amerikanerin passt Ivy in Fabers frauenfeindliches Weltbild. Walter stuft sie als oberflächlich ein, da sie Wert auf passende Kleidung sowie andere Äußerlichkeiten legt: sie sucht sich die „Wagenfarbe nach der Farbe ihres Lippenstiftes oder umgekehrt aus" (S.31). In Walters Augen ist Ivy unlogisch, naiv und nicht sachlich. Er nimmt die Beziehung zu ihre nicht ernst und sieht sie als Freund und „lieben Kerl" (S.30 f.) an. Dass er sie nur mit Äußerlichkeiten verbindet wie mit Autos oder Kleidung, zeigt dass er sie als Objekt betrachtet und sich nicht für ihren Charakter interessiert. Er empfindet keine Gefühle für Ivy und die Beziehung zu ihr ist nur sexuelle Basis: „Wenn ich Ivy umarme und dabei denke: Ich sollte meine Filme entwickeln lassen, Williams anrufen!" (S.94). Er fühlt sich von Ivy genervt und bedrängt, was man aus dem Spitznamen „Ivy" ersehen kann: „Ivy heißt für mich Efeu und so heißen für mich eigentlich alle Frauen" (S.91). Damit zeigt Faber, dass er sie als etwas Unselbstständiges und Klettenhaftes empfindet. Er fühlt sich von Frauen eingeengt: „Mehr als drei oder vier Tage zusammen mit einer Frau war für mich, offen gestanden, stets der Anfang von Heuchelei, Gefühle am Morgen, das erträgt kein Mann. Dann lieber Geschirr abwaschen!" (S.91). Darüber hinaus kann Faber mit der Gefühlsbetontheit von Frauen nichts anfangen, da ihm Gefühle suspekt sind und er sich lieber auf Gefühlsarmut, Statistik und Sachlichkeit beruft. Er will sein rationales Denken nicht ablegen und sieht Gefühle als „Ermüdungserscheinungen"(S.92) also als Schwäche an.

Ein anderer Frauentyp, den Walter Faber ausführlich beschreibt, sind die indianischen Frauen in dem kleinen Ort in Südamerika, wo er und Herbert festsitzen. Er verwendet ausschließlich negative Ausdrücke, um die Frauen mit ihren Kindern zu beschreiben. Er stellt sie als „sinnlos gaffend" dar, „sie kommen nicht aus dem Gebären hinaus" und sie „redeten nicht" (S.167). Somit unterstellt Faber ihnen Sprachlosigkeit, Faulheit, Dummheit und Passivität. Sie seien traditionslos und „tragen alle das gleiche" (S.167). Indem er ihre extreme Fruchtbarkeit geringschätzig abwertet, zeigt er, dass ihm der weibliche Körper und natürliche Prozesse wie das Kinderbekommen abstoßen. Seine Vorurteile gegenüber diesen Frauen, die er, ohne sie kennen gelernt zu haben, verurteilt, drücken seine Abscheu aus. Seine Abneigung vor allem dem Sexuellen gegenüber wird an vielen Stellen deutlich. Zum Beispiel sagt er zu Ivy, dass ihn ihre Zärtlichkeiten und ihre Küssen ekeln würden (S.62). Die Ursache für seine Abneigung ist wahrscheinlich seine erste Beziehung, die zu der Frau seines damaligen

Lehrers. Er beschreibt sie als „Irre" und „Hündin" (S.99). Außerdem wertet Faber diese Frau und ihre körperlichen Bedürfnisse als „absurd" (S.99) und „geradezu pervers" (S.93). Seit dem Tod dieser Frau versucht er das Erlebnis zu verdrängen, er behauptet zwar, dass er sich nicht mehr daran erinnere (S.93), doch zeigt sich aus seinen Äußerungen, dass es ihn immer noch verfolgt. Seitdem empfindet er Sexualität als „absurd" (S.99); somit erschweren ihm seine schlechten Erfahrungen seine sexuelles Verhältnis zu Frauen.

Durch sein rationales Denken will Faber Herr über sein Leben und seinen Körper sein. Somit beängstigt ihn die Tatsache, dass er seine Natur, seine „Triebe" (S.93) nicht kontrollieren kann. Es sind immer die Frauen, die ihn verführen, wodurch er aber seine Kontrolle über seinen Körper aus der Hand gibt, was ihn eine unterwürfige Position gegenüber der Frau einnehmen lässt. Da dies nicht seinem Frauenbild entspricht, empfindet er Frauen als einengend (speziell bei Ivy).

Walters starke Abneigung gegen den weiblichen Körper wird auch durch die Beschreibung der farbigen Toilettenfrau auf dem Flughafen in Houston, Texas, unterstrichen. Faber beschreibt sie als „dick", mit einem „Riesenmaul" und „Brüste wie Pudding" und als „Großaufnahme von Afrika" (S.11f.). Ihn erschrecken ihre Andersartigkeit und ihre natürliche Freundlichkeit. Er schreckt vor ihrer Weiblichkeit zurück und fühlt sich von ihr verfolgt und bedrängt, als sie ihm sein Geld zurückgeben will. Faber möchte keine Nähre zu ihre aufkommen lassen, was er generell nicht will, da ihn jemand aus seiner Kontrolle bringen könnte.

Des Weiteren zieht er während seines Aufenthalts im Dschungel Vergleiche zwischen der Natur und dem weiblichen Körper. Faber vergleicht „dreckiges Tümpelwasser" mit „Monatsblut" (S.68), seinen eigenen verschwitzten Zustand bezeichnet er als „schmierig wie ein Neugeborenes" (S.69). Für ihn ist die Natur und der Tod nicht zu kontrollieren, sowie für Faber die Natur des weiblichen Körpers und die Frau an sich und ihre Gefühle nicht zu kontrollieren sind: „Tu sais que la mort est femme et que la terre est femme" (S.69), das heißt übersetzt: „Du weißt, dass der Tod weiblich ist und die Erde/Natur weiblich ist". Faber setzt die Frau mit der Natur gleich und beides stellt für ihn als Techniker ein Feindbild dar.

Ferner spricht sich Walter Faber für die Notwendigkeit von „Schwangerschaftsunterbrechungen" aus. Er sieht den Eingriff der Technik als einzige Lösung an und stempelt eine ungewollte Schwangerschaft als „wirtschaftliches Kampfmittel" gegenüber dem Mann ab. Dies ist eine sehr gefühllose und rationale Sicht. So sind für Faber Frauen, die übermäßig emotional sind, unangenehm und suspekt.

Hanna Landberg scheint die einzige Ausnahme zu sein: Er glaubt sie zu lieben. Doch nacht der plötzlichen Schwangerschaft fühlt sich Faber von der ungeplanten, außer Kontrolle geratenen Situation überrumpelt und die Einsicht, dass die intelligente Hanna durchaus gefühlsbetont ist, war möglicherweise der Auslöser für Faber zu glauben, dass alle Frauen unkontrollierbar, irrational und emotional sind.

Die Heirat mit Hanna war nur eine Vernunftsentscheidung, worin aber für Hanna ungewollt eine gewisse Lieblosigkeit mitklingt: „Wenn du dein Kind haben willst, dann müssen wir natürlich heiraten" (S.48). Seine scheinbare Lieblosigkeit, ausgelöst durch das Verdrängen von Gefühlen und seiner Unfähigkeit Gefühle zu zeigen oder in Worten auszudrücken, ließ seine Beziehung zu Hanna scheitern und war wahrscheinlich Ursache für sein gestörtes emotionales Verhältnis zu Frauen.

Da Faber also Gefühle als unwichtig und „weibisch" (S.24) ansieht und der Meinung ist, dass der Verstand der Emotion übergeordnet ist, ist er unfähig eine harmonische Beziehung zu führen. Allerdings hat seine Unfähigkeit noch einen anderen Hintergrund: Walter Faber hat von Beginn an ein sexistisches Verständnis der Verteilung der Geschlechterrollen. Für ihn sind die Ausübung eines Berufs und die Technik eindeutig männlich: „Ich lebe, wie jeder wirkliche Mann, in meiner Arbeit" (S.90). Faber ist es dennoch unverständlich, dass sich Frauen nicht nur für ihren Beruf interessieren. Ein Satz, den Hanna sagt, beschreibt gut das Männerbild Fabers: „Der Mann sieht sich als Herr der Welt" (S.140), denn er als Ingenieur denkt sogar das Leben beeinflussen zu können. Der Beruf des Ingenieurs ist sehr wichtig für ihn, weil scheinbar männlich: „der Beruf des Technikers, der mit den Tatsachen fertig wird, [ist] immerhin ein männlicher Beruf, wenn nicht der einzig männliche überhaupt" (S.77). Ferner sieht er die Frau als dem Mann untergeordnet an und vergleicht die Frau sogar mit dem (in seinen Augen) unterentwickelten Volk der Indios: Er sagt, sie seien „viel zu sanft, friedlich, geradezu kindisch [...] ein weibisches Volk, unheimlich, dabei harmlos" (S.38). Obwohl Faber Frauen unterstellt, mit Technik und Beruf nichts zu tun haben zu wollen, hält er nichts von intellektuellen Frauen; das macht seine Bemerkung über Sabeths Mutter deutlich (zu diesem Zeitpunkt wusste er noch nichts von der Verbindung zu Hanna): „Ihre Mama hat Pech gehabt mit den Männern [...] vielleicht weil zu intellektuell" (S.113).

Hinzu kommt, dass Faber sein Bild über Frauen verallgemeinert und pauschalisiert, weil er mit der Individualität von Frauen nicht zu Recht kommt und sie nicht bemerken will. Er ist nicht fähig, sich auf individuelle Charaktereigenschaften einzulassen, da er Frauen kategorisiert, wodurch es ihm schwer fällt, eine Partnerin ernst zu nehmen und sie zu verstehen. Selbst Hanna, die für ihn eine Ausnahme war, versteht er nicht: „Ich verstand Hanna nicht immer" (S.139). Seine Beziehungen sind also von vornherein zum Scheitern verurteilt, da ihm nicht nur Einfühlungsvermögen, Verständnis und Akzeptanz der Gleichwertigkeit von Mann und Frau fehlen, sondern auch weil er unfähig ist, sich auf die Frau als Individuum einzulassen.

Der Leser stellt jedoch fest, dass sich Fabers Frauenbild und sein Verhalten in Bezug auf Frauen wandeln, als er Sabeth kennenlernt. Schon bei der ersten Begegnung ist Faber fasziniert von Sabeth, was sich, je besser sie sich kennenlernen, in Liebe umschlägt. Er macht ihr sogar, ohne es geplant zu haben, einen Heiratsantrag, obwohl er als rationaler Mensch spontane, impulshafte Ausbrüche immer verachtet hat. Woher rührt seine Faszination für Sabeth? Sabeth weist ein rationales Technikverständnis auf („Sie war alles andere als dumm. Nicht viele Leute, denen ich den sogenannten Maxwellschen Dämon erläuterte, begreifen so flink wie dieses Mädchen" – S.74), entspricht aber zugleich dem Frauenbild Fabers („Hinweis auf den beträchtlichen Wasserdruck, den diese Konstruktion auszuhalten hat, war schon wieder zu viel – ihre kindliche Fantasie schon draußen bei den Fischen" – S.87). Sabeth vereint Technik und Emotion. Trotz des Interessen- und Altersunterschiedes, muss er feststellen, dass er Gefühle für sie entwickelt hat. Diese Tatsache verdrängt er jedoch, indem er sich ständig einredet, nicht verliebt zu sein. Seine Faszination für Sabeth geht jedoch weiter, denn er lässt sich von ihren Gefühlen beeindrucken und legt Stück für Stück die Idealeigenschaften eines Technikers wie Vernunft, Sachlichkeit oder Logik fast ab. Dies führt beispielsweise zu dem plötzlichen Heiratsantrag. Er kann also seine menschliche, also emotionale Seite nicht verdrängen. Aufgrund seiner Liebe zu Sabeth verdrängt er jedoch seine Rationalität auch dann noch, als er zu erkennen beginnt, wer Sabeth eigentlich ist: „Ich bin ja nicht krankhaft, ich hätte meine Tochter als meine Tochter behandelt, ich bin ja nicht pervers!" (S.81). Er fühlt sich aber nicht nur der Faszination wegen zu Sabeth hingezogen, sondern auch weil sie ihn an Hanna erinnert: „Ihr Hanna-Mädchen-Gesicht" (S.77), jedoch schiebt er die „Spintisiererei um Hanna" (S.79) auf seine Langweile. In Wahrheit will er sich jedoch nur nicht eingestehen, dass er die Beziehung zu Hanna noch nicht verarbeitet hat, weil er seine Gedanken daran stets verdrängt hat. Somit beginnt Faber unbewusst, was er für Hanna immer noch fühlt, auf Sabeth zu projizieren, um das Versäumte nachzuholen. Auf der gemeinsamen Reise lernt Faber Gefühle zu entwickeln, die ihm seine Vernunft bisher nicht erlaubt hatte. Er holt all das mit Sabeth nach, wie auch zum Beispiel romantische Momente, durch die er Abstand von seiner nüchternen Denkweise bekommt. So kommt er sogar ins Schwärmen: „die erste Wärme und Sabeth, die mich umarmt, als habe ich ihr alles geschenkt [...] und ich werde nie vergessen, wie Sabeth singt!" (S.152). Sabeth gegenüber zeigt er Gefühle, die er Hanna nie gezeigt hat, wobei er aber übersieht, dass Sabeth nicht Hanna ist.

Doch seine anfängliche Gefühllosigkeit und sein Egoismus, Sabeth für sich zu beanspruchen und seine unterbewussten und unterdrückten Sehnsüchte an ihre auszuleben, führen schließlich zu Sabeths Tod.

In Athen trifft er Hanna wieder, die sich zu einer emanzipierten Frau entwickelt hat. Faber kann jedoch immer noch nicht die Gleichberechtigung der Frau akzeptieren, da dies sein Bild über Frauen zerstört, so sagt er, Hannas gute Lebenssituation sei schlecht. Dass er immer noch egoistisch ist und nicht auf die Frau als Individuum eingehen kann, zeigt sich daran, dass er beschließt Hanna zu heiraten, ohne dabei Rücksicht auf ihre Wünsche und Gefühle zu nehmen: „Ich werde Hanna heiraten" (S.165). Das heißt, er hat zwar stellenweise durch Sabeth einen Wandel gemacht, hat gelernt, Gefühle zuzulassen und musste schließlich auch erkennen, dass er durch die Starrheit seines aufgebauten Welt-, Selbst- und Frauenbild wahre Gefühle verdrängt hat, aber er hat sich nicht vollkommen geändert und geht mit Frauen noch genauso rücksichtslos um wie zu Beginn.

Schließen möchte ich mit einem Zitat, das Fabers Einstellung zu Frauen gut wiedergibt, ihn außerdem gut charakterisiert: Ivy sagt zu Faber, er „sei ein Egoist, ein Rohling, ein Barbar in Bezug auf Geschmack, ein Unmensch in Bezug auf die Frau" (S.31).